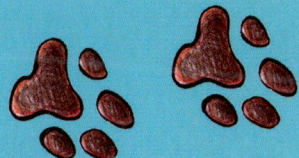

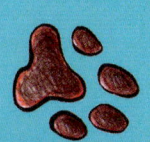

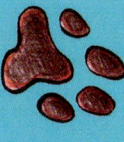

Angelika Müller-Zastrau

BEN

Die Geschichte eines Schulhunds

Mit Bildern von Irene Justine Hercka

HONEY
& MORE
VERLAG

www.honey-and-more.de

Weiterführende Informationen zum Buch über www.schulhund-ben.de. Das Ben-Lied ist dort in einer von Uli Führe selbst gesungenen und einer Instrumentalversion herunterzuladen.

Die Autorin hat die freiwillige Selbstverpflichtung des Fachkreises Schulhund unterzeichnet. www. schulhundweb.de

1. Auflage 2014
© 2014 Verlag HONEY-AND-MORE, Stuttgart
Umschlagkonzept: Irene Justine Hercka
Printed in Germany
Druckerei Hanemann GmbH
Dorfstrasse 107
79576 Weil am Rhein - Oetlingen
ISBN 783-0-00-437793

Angelika Müller-Zastrau ist gelernte Grund- und Hauptschullehrerin und seit 1997 Rektorin der Maria Montessori Grundschule Hausen. Sie absolvierte zudem ein Pädagogik-Studium an der Eberhard-Karls-Universität Tübingen und promovierte im Bereich der Sozialwissenschaften. Angelika Müller-Zastrau hat drei Töchter und lebt mit ihrer Familie in Stuttgart.

Kontakt: frauchen@schulhund-ben.de
www.schulhund-ben.de

Irene Justine Hercka studierte Kunstpädagogik und arbeitete anschließend viele Jahre in einer Werbeagentur als Grafik-Designerin. Vor zwei Jahren machte sie sich mit einer kleinen Werbeagentur selbstständig. Ihren künstlerischen Ausdruck findet sie in der Illustration und Gestaltung von Büchern. Irene Hercka lebt und arbeitet in Stuttgart.

Kontakt: ihercka@hotmail.com

Uli Führe wurde 1957 in Lörrach geboren. Er ist Professor für Chorpädagogik an der Robert Schumann Hochschule in Düsseldorf. Uli Führe studierte Schul- und Popularmusik in Stuttgart. Er arbeitet als Komponist und Fortbildner in den Bereichen Liedpädagogik und Stimmbildung. Zudem übernimmt er regelmäßig Lehraufträge an der Musikhochschule in Freiburg zum Thema Improvisation. Uli Führe hat zahlreiche Veröffentlichungen zu musikpädagogischen Themen herausgegeben.

Kontakt: uli.fuehre@t-online.de
www.fuehre.de

Fahrlehrerrversicherung Weilimdorf
www.fahrlehrersvericherung.de

Hobby-Labradorzucht im Sonnenwald
www.sonnenwald-labradors.de

Heinz Seeger-Armbruster

Von der Crowd finanziert.

startnext

Für

meine Töchter und Cosima ....

..... und für
meine Kinder in der Schule,
besonders aber für:

Eva-Lotta,
Finn,
Jannik,
Lucca-Marie und
Niklas

Inhaltsverzeichnis

Vorwort

Einen sanftmütigen, treuen und anpassungsfähigen, sieben Monate alten Labradorwelpen wollten wir in unserer Familie aufnehmen. Und was bekamen wir? Unseren Ben - ein schier unbezähmbares braunes Ungeheuer, das sofort die ganze Familie beherrschte und tyrannisierte. Das Schicksal nahm seinen Lauf ....

Mit freundlicher Unterstützung von:

Silke Berger, Foto Futterknecht, Stuttgart-Weilimdorf
www.foto-futterknecht.de

Wolfgang Albicker, Optikstudio Geerling, Bad Honnef
www.optikstudio-geerling.de

Der Schulhund Ben

© Text & Musik: Uli Führe
Nach einer Idee von Angelika Müller-Zastrau

Strophen

1.Der Hund hieß Ben, sah put-zig aus, und Kla-ra nahm ihn mit nach Haus. Die
2.Als Leh-rer-in mit gro-ßem Herz ver-zieh sie Ben so man-chen Scherz. Er
3.Und bald schon kam ein neu-er Schritt: Hund Ben ging nun zur Schu-le mit. Er
4.Ben ist nun Vi-ze-rek-tor, schön, so kann ein Hun-de-le-ben gehn. Und

El-tern wa-ren sehr ent-setzt, doch Kla-ra hat sich durch-ge-setzt.
klau-te Ku-chen, Do-nuts, Wurst, trank Li-mo-na-de für den Durst.
wuss-te wie's den Kin-dern geht, wenn man vor Re-gel-ber-gen steht.
bald wird Ben, das wär nicht dumm, der Chef vom Mi-nis-te-ri-um. *dann Refrain 2mal*

Bald war vor-bei die An-fangs-zeit, und man ver-lor die Hei-ter-keit. "Der
Frau Pau-se-wang hat's bald ka-piert: "Wir ha-ben Ben als Mensch ge-führt!" Von
Gab es Prob-le-me, Stress und Zank, da kam schon Ben: "Wau! Gott sei Dank!" Ein

Ben muss weg!" Es ging nicht lang, der Hund kam zu Frau Pau-se-wang.
nun an ging's in's Hun-de-reich, das ers-te Trai-ning kam so-gleich.
kur-zer Schnauf, ein Hun-de-blick, man staun-te nur; aus Pech wur-de Glück.

Refrain:

Ben, oh Ben, ein tol-ler Hund, Ben, oh, Ben, oh, Ben! Da

wird die Welt mit Hund erst rund, Ben, oh, Ben, oh, Ben!

Alle Rechte liegen bei den Autoren! 2013

13

Wenn die Tiere Sachen machen

Wenn die Tiere Sachen machen,
Kann man weinen oder lachen.
Aber lachen, bitte sehr,
Wäre das, was besser wär.

Wenn die Tiere Tolles treiben,
Lacht man oder lässt es bleiben.
Aber lachen, bitte sehr,
Wäre das, was besser wär!

Wenn die Tiere uns erzürnen,
Lacht man oder furcht die Stirnen.
Aber lachen, bitte sehr,
Wäre das, was besser wär.

Wenn die Tiere nicht mehr spielen
Und im Schlaf sich glücklich fühlen,
Ruf sie nicht und weck sie nicht.
Auch im Traum ist Tag und Licht.

Wenn sie später beim Erwachen
Wieder einmal Sachen machen,
Bliebe lachen, bitte sehr,
Immer das, was besser wär!

James Krüss

Wer ist Ben?

Vielleicht ein Seehund?

So sieht Ben aus, wenn er bei seinem Frauchen etwas erreichen will. „Spiel mit mir!" oder „Geh mit mir spazieren!", möchte er damit sagen. Bekommt er nicht, was er will, wird sein „Seehundblick" sogar noch durchdringender.

Oder gar ein Panther?

So sieht Ben aus, wenn er zum Beispiel zusieht, wie ihm sein Frauchen Futter zubereitet. Oder wenn er darauf wartet, dass ihm etwas versteckt wird.

Oder aber ein listiger Fuchs?

Führt Ben etwas im Schilde, zum Beispiel, wenn er auf eine Gelegenheit wartet, seinem Frauchen die Frühstücksbrezel zu klauen, dann werden seine Augen zu feinen Schlitzen. Dann sieht er tatsächlich fast aus wie ein kleiner Fuchs.

Aber eigentlich ist Ben ein Hund – ein ziemlich schlauer sogar. Und so sieht Ben aus, wenn er einfach nur Ben ist.

Ben ist ein wunderschöner Hund.

Das merkt man besonders auch daran, dass viele Leute
stehen bleiben, wenn sie Ben auf der Straße sehen.
Dann rufen sie: „Oh, welch ein schöner Hund!" oder
„Hat der aber mal ein seidiges Fell!" oder „So einen
schokoladenbraunen Labrador sieht man aber selten!"
oder „Der hat aber eine tolle Figur!"
Ben gehört zur Rasse der Labrador Retriever. Das ist
eine Hunderasse, die ursprünglich aus Kanada kommt.
Es gibt dort sogar eine Provinz, die Labrador heißt.

„To retrieve" ist ein englisches Wort und heißt, zurück-
bringen – und das war auch die Aufgabe dieser Hunde.
Sie brachten Jägern erschossene Tiere zurück oder
Fischern Fische, die ihnen aus dem Netz gerutscht sind.
Das bedeutet, dieser Hund kann sehr gut suchen, finden
und vor allem auch schwimmen.

Ben hat deswegen regelrechte Schwimmhäute zwischen den Zehen.

Heute ist der Labrador nicht nur bei Jägern beliebt, sondern auch bei Familien, die sein freundliches und gelehriges Wesen schätzen.

Allerdings kann der Labrador Retriever und so auch unser Ben, manchmal ganz schön stur sein und sich Dummheiten ausdenken.

Dann hilft nur eines: Der Hund braucht Aufgaben. Lieblingsaufgaben solcher Hunde: Söckchen oder Bällchen suchen. Aber wohl kaum ein Hundeherrchen oder Hundefrauchen kann den ganzen Tag lang nur spielen. Also müssen andere Aufgaben her. Dazu später mehr.

Aber wie nun kam Ben in die Schule? In eine Grundschule, genauer gesagt? Ben hat eine ganz besondere Lebensgeschichte und die will ich euch gerne erzählen.

Wie alles begann

Bens erstes Frauchen war Klara, ein hübsches Mädchen, das seine blonden Haare immer zu einem lustig wippenden Pferdeschwanz zusammengebunden hatte.

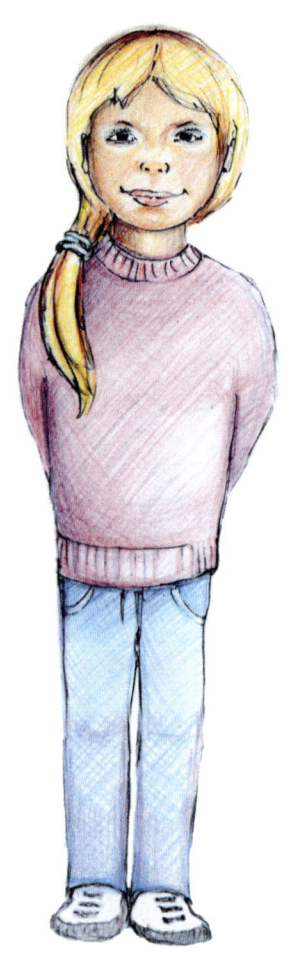

Klara war ungefähr in eurem Alter. Nichts wünschte sie sich mehr, als eines Tages einen vierbeinigen Freund zu haben.

Immer wieder gestaltete sie liebevolle Wunschzettel zu ihren Geburtstagen, zu Weihnachten und manchmal auch zu Ostern. Und immer wieder waren es andere Hunde, die ihre Wunschzettel schmückten: Mal große kurzhaarige, mal kleine zottelige, mal einfarbige und mal struppig gefleckte Hunde.

Die schönsten Namen gab sie ihren zukünftigen vierbeinigen Begleitern, zum Beispiel: Struppi, Flecki, Pummelchen, Trampelchen, Leo, Lizzy oder einfach nur Ben. Ben hieß nämlich ihr bester Freund in der Schule. Und - sein Vater züchtete große Hunde.

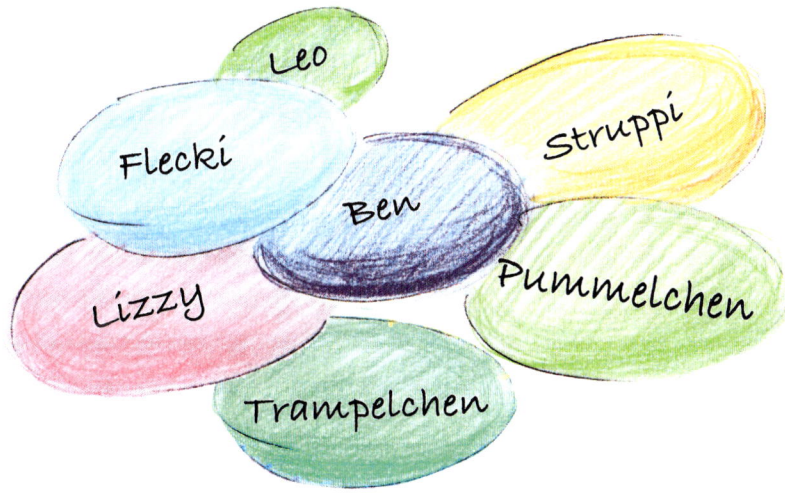

Aber eigentlich war es ihr egal, wie der Hund aussehen würde, es musste eben nur ein Hund sein. Und lieb sollte er sein. Und beschützen sollte er sie. Und spielen sollte er mit ihr. Dann wäre sie nicht mehr so oft allein. Denn Klara hatte keine Geschwister und ihre Eltern mussten den ganzen Tag arbeiten.

Klaras Eltern waren sehr vernünftige Leute. Sie wussten genau, wie viel Zeit, wie viel Geld und wie viel Geduld es braucht, um einen Hund zu halten. Deshalb waren sie dagegen.

Und immer wieder bekam Klara lediglich Hunde aus Plüsch. Eine ganze Sammlung hatte sie schon davon. Doch Klara ließ sich nicht von ihrem Herzenswunsch abbringen. Sie sparte ihr Taschengeld und alle noch so kleinen Geldgeschenke, die sie zu den Festtagen von Oma und Opa, Tante und Onkel, Mama und Papa bekam.

Eines Tages hatte sie tatsächlich eine stattliche Summe beisammen. 800 Euro sollte ihr vierbeiniger Spielkamerad kosten.

Mit ihrem großen Wunsch wandte sich Klara an Ben, ihren besten Freund und Nebensitzer in der Schule.

Bens Vater, Heinz Wolf, züchtete Hunde und zwar ausschließlich Labradors. Ben versprach, seinen Vater zu fragen, ob Klara vom nächsten Wurf einen kleinen Welpen bekommen könnte.

„Ja, sind denn Klaras Eltern einverstanden mit dem Hundekauf?", fragte Herr Wolf skeptisch, als Ben Klaras Bitte vortrug.

„Na klar", antwortete Ben, denn das hatte Klara ihm gegenüber auch steif und fest behauptet.

Natürlich war das ganz und gar nicht der Fall. Doch Bens Vater glaubte Klara und überreichte ihr eines Tages ein kleines, süßes, braunes Bündel mit vier Pfoten und einer weichen Schnauze, dem Klara den Namen ihres besten Freundes gab.

Klaras Eltern waren entsetzt, als Klara mit dem braunen Etwas ankam. Der Vater tobte, die Mutter war sprachlos. Schließlich wussten sie, dass in ihrem Alltag kein Platz für eine so große Verantwortung war. Klaras Betteln und Flehen halfen nichts. Fest stand: Morgen sollte Ben wieder zurück zum Züchter.

Klara und Ben verschwinden

Am nächsten Morgen, einem Samstag, klopfte der Vater an Klaras Zimmertür. Nichts rührte sich. Noch einmal klopfte der Vater. Wieder keine Antwort. Dann trat der Vater ins Zimmer und blieb sofort wie erstarrt stehen. Klaras Bett war unberührt. Kein Kind, kein Hund. Als er den ersten Schock verdaut hatte, raste er die Treppe hinunter und berichtete der Mutter von seiner schlimmen Entdeckung. Ratlos sahen sich beide an. Was nur tun? Wo könnte Klara sein? Sollten sie die Polizei rufen?

„Nein, lass uns erst alle Klassenkameraden anrufen, zuallererst Ben, Klaras Freund!", schlug die Mutter vor. Aber alle Anrufe blieben erfolglos. Heinz Wolf war tief erschüttert, als er erfuhr, dass Klara den kleinen Welpen ohne Einverständnis der Eltern von ihm gekauft hatte.

„Natürlich nehme ich den Hund zurück," versicherte er hundertmal am Telefon.

„Das hilft uns jetzt auch nicht weiter", antwortete Klaras Vater verärgert. „Helfen Sie uns lieber, Klara zu finden!"

„Selbstverständlich, ich mache mich sofort auf den Weg", erwiderte dieser. Dann überlegten sie noch kurz, wo sie suchen könnten. Klara hatte viele Lieblingsplätze:

Oben auf dem Berg am Waldrand auf der kleinen Bank, saß sie gerne.

Oder in Willis Schrebergarten bei den vielen Bienen. Dort bekam sie immer eine heiße Schokolade.

Oder am Spielplatz in der Stadt, wo sich alle Kinder am Nachmittag gerne trafen.

Oder hatte Klara Ben in ihrer Verzweiflung ins nahe gelegene Tierheim gebracht?

Die Eltern beschlossen, alle Plätze aufzusuchen, an denen Klara gerne verweilte. Herr Wolf versprach, beim Tierheim vorbeizuschauen. Doch wie ihr euch bestimmt schon denken könnt, nirgends war auch nur eine Spur von Klara und Ben zu finden. Die Verzweiflung der Eltern stieg von Minute zu Minute. Die Mutter begann zu weinen.

„Vielleicht waren wir wirklich zu streng. Vielleicht wäre es sogar eine gute Idee gewesen, Klara mit einem Hund aufwachsen zu lassen. Schließlich hat Klara keine Geschwister und häufig ist sie immer nur mit uns und anderen Erwachsenen zusammen. Was tun, wenn Klara was passiert ist?"

„Nun, Klara ist immerhin nicht ganz alleine", meinte der Vater. Und zum ersten Mal spürte er so etwas wie Erleichterung darüber, dass Klara einen vierbeinigen Begleiter hatte.

Als es draußen dunkel und kalt wurde, entschieden die Eltern, die Polizei einzuschalten. „Ich werde nun die Polizei alarmieren", verkündete der Vater und war gerade dabei, die Rollos an den Fenstern zum Garten hinunterzulassen.

Da stutzte er. Im Gartenhäuschen flackerte ein schwaches Licht. Der Vater eilte hinaus und öffnete die Tür zum Schuppen. Und was sah er da? Da lagen Klara und Ben, im Tiefschlaf eng ineinander verschlungen.

Gerade wollte der Vater zu einer Strafpredigt ausholen,
als die Mutter angerannt kam und den Finger vor die
Lippen hielt.

Da lächelte der Vater und nahm das Mädchen vorsichtig in die Arme. Ebenso behutsam griff die Mutter nach
Ben, der schon die Augen offen hatte und fragend um-
herblickte. Der Vater legte Klara in ihr Bettchen mit dem

rosa Baldachin. Ben kam ins Hundekörbchen neben
Klaras Bett.

„Wenn unser Mädchen sich so sehr einen Hund wünscht,
vielleicht sollten wir doch….?", fragte die Mutter. Der
Vater lächelte und nickte.

Und als er später noch einmal in Klaras Zimmer schaute,
lag Ben ganz selbstverständlich, zusammengerollt wie
eine Kugel, in Klaras Bett.

Bens Steckbrief

Klara hatte es also geschafft. Die Eltern konnten nicht länger „Nein" sagen. Und nun begann eine wunderschöne Zeit. Klara war geradezu besessen von ihrem Ben und vom Thema Hund im Allgemeinen. Sie las viele Bücher über Hunde und sprach nur noch darüber.

In der Schule konnte sich ihrem Lieblingsthema wirklich niemand entziehen. Immer wieder kam Klara darauf zu sprechen. Und ob Lehrer oder Kinder wollten oder nicht, sie erfuhren einfach, dass Hunde aufgrund ihrer ungefähr 250 Millionen Riechzellen so gut riechen können und deshalb auch zum Suchen vermisster Personen eingesetzt werden.

Sie erfuhren, dass Hunde entgegen früherer Meinungen durchaus bestimmte Farben sehen können, jedoch nicht Rot!

Und ebenso, dass Hunde viel besser hören als Menschen. Außerdem lernten sie, die Bezeichnung unzähliger Hunderassen und diesen die wichtigsten Charaktereigenschaften zuzuordnen.

Sie staunten darüber, wie hoch Hunde springen können und erfuhren, dass der Hundeschwanz in der Fachsprache „Rute" heißt. Ein Hundemännchen nennt man Rüde und ein Weibchen Hündin.

Besonders beeindruckend fand Klara, dass viele Hunde heutzutage mit einer Spritze einen Chip unter die Haut gepflanzt bekommen, auf dem eine fünfzehnstellige Nummer eingraviert ist. Falls der Hund verloren geht, können dann Ärzte oder auch die Polizei mit Lesegeräten feststellen, wem der Hund gehört, und ob der Hund alle wichtigen Impfungen und ärztlichen Behandlungen erhalten hat. Ben trägt seinen Chip übrigens an der linken Halsseite.

Jede freie Minute widmete Klara ihrem Lieblingsthema. Nicht nur in den Pausen, nein auch im Unterricht, flüsterte Klara den Nebensitzern ihre neuesten Erkenntnisse zu.

Die Klassenlehrerin, Xenia Morgenrot, wusste sich schon nicht mehr zu helfen, denn alle Ermahnungen, im Unterricht das Schwätzen sein zu lassen, blieben erfolglos. Da schlug sie Klara vor, ein Hundeheft zu führen, in das sie alle wichtigen Informationen aufschreiben konnte. Und das tat Klara.

Auf die erste Seite ihres Hundeheftes schrieb sie Bens
Steckbrief. Also das Wichtigste über Ben in Kürze. Das
Hundeheft füllte sich von Tag zu Tag und Klara wurde
ruhiger. Ihr Hundeheft aber hütete sie wie einen wertvol-
len Schatz.

Steckbrief Ben

Name:	Okino Ben
Rasse:	Labrador Retriever
Geburtstag:	03. November
Geburtsort:	Schöllnach-Kollmering (Bayern)
Farbe:	Schokoladenbraun
Höhe:	60 cm
Rute:	Buschig
Länge ohne Rute:	86 cm
Länge mit Rute:	121cm
Lieblingsfressen:	Natürlich Hundefutter, aber auch Kartoffeln, Karotten, Kirschen, Nüsse und alles, was dick macht!
Lieblingsspiel:	Verlorene Dinge oder Personen suchen.
Mein schönster Tag:	Samstags auf dem Hundeplatz.
Mein schlimmster Tag:	Silvester (wegen der Böller)
Mikroship Nr:	276 096 100 242 241
Implantationsstelle:	Linke Halsseite

Bens erste Lebensmonate

Ben war fast sieben Monate bei Klara. In dieser Zeit verwöhnte Klara ihren Hund. Sie nahm ihn überall mit, ließ ihn in ihrem Bettchen schlafen, von ihrem Tellerchen essen oder tollte mit ihm wild herum. Kurz – beide waren sehr glücklich miteinander.

Die Eltern jedoch waren weniger glücklich, genau gesagt sogar ziemlich sauer, denn Ben hatte geradezu unerschöpfliche Energie und Neugier. Wenn niemand für ihn Zeit hatte, machte es ihm Spaß, Dummheiten zu machen, zum Beispiel:

Den Mülleimer in der Küche auszuräumen,

Federkissen zu zerfetzen,

das Blumenbeet im Garten umzugraben,

auf Vaters teurem Füller herumzukauen oder

ein Hundehäufchen auf dem edlen Teppich zu hinterlassen.

Irgendwann wurde es der Mutter zu bunt und sie bestimmte, dass Ben in einen Hundekäfig eingeschlossen werden sollte, wenn sich niemand um ihn kümmern konnte.

Leider kam es immer häufiger dazu, denn Klara besuchte seit kurzem das Gymnasium und hatte öfters Nachmittagsunterricht. Ben saß also sehr oft traurig im Hundekäfig. Und da Ben fast beim Zusehen wuchs, wurde der Hundekäfig bald zu klein.

Wenn Ben frei gelassen wurde, weil Klaras Familie zu Hause war, benahm er sich verrückter als je zuvor und stellte immer noch schlimmere Dinge an. Irgendwann ging es dann wirklich nicht mehr so weiter und Klara sah schweren Herzens ein, dass Ben nicht mehr bei ihnen bleiben konnte.

Die Eltern kannten Angelika Pausewang, die Schulleiterin der Grundschule, und fragten sie, ob sie Ben ein neues Heim geben würde. Angelika war eine gemütliche, etwas füllige Frau mit einer runden Nickelbrille auf der Nase. Sie galt als besonders kinder- und tierlieb. Sie lebte mit ihren drei Töchtern, einem großen Hund, zwei Papageien, Fischen und vielen Bienen im Garten in einem kleinen Häuschen am Stadtrand.

Frau Pausewang sagt „Ja"
und bereut

Nach einigen Tagen Bedenkzeit und Gesprächen mit ihren Töchtern, nahm Angelika Pausewang Ben schließlich zu sich.

Es fügte sich, dass die langen Sommerferien vor der Tür standen und so schien der Moment günstig, die erforderliche Zeit zur Eingewöhnung aufbringen zu können.

Angelika und ihre drei Mädchen stellten sich ganz auf Ben ein. Sie waren immer um ihn herum und gingen mehrmals mit ihm spazieren.

Mit allerlei Unterhaltungsprogramm (Werfen von Bällchen oder Spielzeug, Angebot von Kauknochen und Wasserbädern im Garten) versuchten sie, Ben über den Trennungsschmerz von Klara hinwegzuhelfen.

Doch es nützte alles nichts. Niemand kam an Ben heran. Er wollte nicht gestreichelt werden und benahm sich bei seiner neuen Familie noch verrückter als bei Klara:

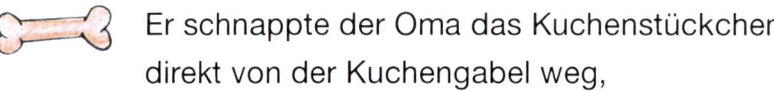 Er schnappte der Oma das Kuchenstückchen direkt von der Kuchengabel weg,

klaute Fleischstückchen direkt vom Essteller,

stellte sich sogar mit allen Vieren auf den, Esszimmertisch oder

verhüllte das ganze Haus unter einer Klopapierdecke.

Schlimm war, dass Ben bald herausgefunden hatte, wo sich die leckeren Sachen im Hause Pausewang befanden.

Und da er sehr intelligent war, lernte er rasch, die Küchenschubladen, Küchenschränke, den Herd und sogar den Kühlschrank zu öffnen.

Nun war gar nichts mehr vor Ben sicher. All das führte dazu, dass die Familie nicht mehr in Ruhe essen oder Ben alleine in Küchennähe lassen konnte, denn Ben ließ sich natürlich auch nicht mehr in einen zu engen Hundekäfig sperren. Deshalb musste immer ein Familienmitglied speziell dafür abgestellt werden, Ben im Auge zu behalten.

„Wenigstens ist jetzt die Küche immer aufgeräumt", tröstete sich Angelika Pausewang. Denn besonders auch ihre Töchter hatten schnell gelernt, dass hier gar nichts, aber auch wirklich gar nichts herumstehen durfte.

Schmutzige Pfannen zum Beispiel, die die Mädchen gerne zum Abkühlen in den Spülstein legten, schnappte sich Ben am Griff und stellte sie vorsichtig vor sich auf den Boden. Dann schleckte er sie genüsslich aus. Brot hatte neuerdings einen Platz auf dem Kühlschrank, weil das der einzige Ort in der Küche blieb, an den Ben nicht irgendwie herankam.

Hundestreiche

Aber damit nicht genug. Auf Spaziergängen zog er sein Frauchen nur so durch die Gegend, bis die Nachbarn sich schließlich schon lustig machten und Angelika Pausewang hinterherriefen: „Seht mal, Ben führt sein Frauchen spazieren!" Mehrfach verlor Angelika bei solchen Ausflügen mit Ben den Halt und fiel der Länge nach hin. Einmal sogar mitten in eine Pfütze. Oft zog sie sich dabei blaue Flecken, Kratzer und Schrammen zu. Bald wunderte sich niemand mehr darüber, denn alle wussten: Das war mal wieder ein Ausflug mit Ben!

Und wenn dieser irgendwo eine Katze oder ein Eichhörn-
chen sah, war er gar nicht mehr zu halten. Dann nahm
er all seine Kräfte zusammen, um sich samt Leine von
seinem Frauchen loszureißen und den Tieren hinterher
zu jagen. Natürlich erfolglos, schließlich konnte Ben nicht
auf Bäume klettern. Aber sein neues Frauchen musste
oft lange warten und bangen, bis Ben irgendwann wieder
den Heimweg einschlug.

Einmal war Ben sogar so von Sinnen, dass er quer über
die Straße direkt in ein Auto hineinlief. Es gab einen Rie-
senknall und Angelika Pausewang blieb schier das Herz
stehen. Ben wirbelte durch die Luft und prallte auf den
harten Straßenasphalt.

Beherzt sprang Angelika Pausewang mitten auf die Fahrbahn, um den nachfolgenden Verkehr aufzuhalten, damit nicht mehr passierte. Alle Autofahrer stiegen aus ihren Fahrzeugen, um zu sehen, was geschehen war. Untröstlich war der Fahrer des Wagens, der Ben erwischt hatte. Er kniete sich zu Ben hinunter und strich über sein seidiges Fell.

Da öffnete Ben zuerst das linke Auge, dann das rechte. Und langsam rappelte er sich wieder auf. Angelika Pausewang entschuldigte sich bei allen Menschen, die inzwischen wie in einer Traube um sie herumstanden. Sie

 führte Ben nach Hause. Ben humpelte, den Schwanz zwischen die Hinterläufe geklemmt neben ihr her und war einen Tag lang der liebste Hund, den man sich vorstellen konnte. Aber eben nur einen Tag lang.

Nachts suchte Ben stets die menschliche Nähe, so wie er es auch bei Klara gewöhnt war. Das hieß: Er kam, wie selbstverständlich, in Angelika Pausewangs Bett. Dort rollte er sich am Fußende zu einer braunen Kugel zusammen, schmatzte ein paarmal genüsslich vor sich hin, um dann laut zu grunzen und zu schnarchen. Angelika wollte das ganz und gar nicht und sie versuchte mit allen Mitteln, Ben diesen Schlafplatz madig zu machen.

Mit sanftem Schieben und Schubsen brachte sie Ben schon dazu, das Bett wieder zu verlassen. Aber eben nur kurzzeitig. Wenn Angelika selbst eingeschlafen war, schlich sich Ben ganz leise, wie auf Samtpfoten, wieder in ihr Bett zurück. Da das Herausdrängen also erfolglos blieb, begann Bens Frauchen damit, ihm wunderschöne andere Schlafplätze zu gestalten.
Überall legte sie weiche Hundedecken und gepolsterte Matratzen aus, doch Ben blieb hartnäckig. Und schließlich gab Angelika nach. Bens Platz blieb zu ihren Füßen in ihrem Bett.

Die Nachbarn werden böse

Allein sein konnte Ben ganz und gar nicht. Dann fing er oft an, laut zu heulen, zu winseln und zu bellen. Aber auch bei jedem kleinsten Geräusch schlug er häufig laut an.

Eines Tages rief Angelikas Nachbar, Friedrich Sonnenschein, ebenfalls Lehrer von Beruf, sie mit ernster Miene zu sich. Er zog ein Büchlein aus der Tasche.

„Wissen Sie, wie oft mich ihr Hund bei meinen Vorbereitungen gestört hat?"

„Wissen Sie, wie oft ich von seinem Bellen aus dem Schlaf gerissen wurde?"

Er schlug sein Büchlein auf und las laut vor:

„Donnerstag, 2. April: Ihr Hund bellte von 19.30 Uhr bis 21.30 Uhr."

Angelika Pausewang erinnerte sich. Da war der Elternabend der Klasse 1b.

„Freitag, 3. April: Bellen von 14.15 Uhr bis 15.46 Uhr und dreimal lautes Bellen um Mitternacht."

Angelika Pausewang wusste genau, da musste sie zur Konferenz in die Schule und ihre Töchter hatten Nachmittagsunterricht. In der Nacht hatte Ben ein klappernder Fensterladen gestört.

„Samstag, 4. April: Heulen und Winseln von 7.30 Uhr bis 8.30 Uhr.“

Da war sie tatsächlich mit ihren Mädels schwimmen gewesen. Ihr war nun klar, dass mit Ben etwas geschehen musste.

„Wir werden uns Mühe geben, dass Ben sich künftig besser benehmen wird", beteuerte sie und lief schnell in ihr Haus zurück. Schließlich sollte Herr Sonnenschein nicht merken, wie betroffen sie war. Aber schon am nächsten Tag klingelte es an der Tür und Friedrich Sonnenschein stand mit einer Kuchenplatte, auf der nur noch ein paar winzige Kuchenkrümel zu sehen waren, vor der Tür.

„Schauen Sie mal, was Ihr Ben gemacht hat! Er ist über den Zaun gesprungen und hat den Apfelkuchen, den meine Frau zum Abkühlen auf den Terrassentisch abgestellt hatte, aufgefressen!"

„Das kann doch nicht sein?", erwiderte Angelika Pausewang schockiert. „Gerade war Ben doch noch im Wohnzimmer!" Sie lief zurück ins Haus. Die Terrassentür stand offen. Ben hatte es geschafft, den Türgriff zu drehen und die Tür zu öffnen. Nun stand er wie ein Unschuldslamm im Garten der Nachbarn und kam wohl nicht mehr über den Zaun zurück. Schnell versprach Angelika Pausewang, Familie Sonnenschein einen neuen Kuchen zu backen. Das Unangenehmste aber war, dass Angelika auch noch darum bitten musste, Ben aus dem Garten

holen zu dürfen. Aber damit nicht genug. All zu gerne
sah sich Ben auch in den benachbarten Gärten um. Besonders der Garten von Rosamunde Streitpferd hatte
es ihm angetan. Dort saßen nämlich zwei niedliche Kaninchen in ihrem Stall. Obwohl Frau Pausewang den Zaun
bereits hundesicher gemacht hatte, fand Ben immer
wieder ein Schlupfloch. Dann schnupperte er genüsslich
im fremden Revier und hob hier und dort sein Beinchen.
„Hier war ich schon", wollte er damit sagen. Natürlich
hat er den Kaninchen nichts getan. Er fand sie nur sehr
interessant.

Obwohl Bens Frauchen ihn immer aus einem Augen-
winkel heraus beobachtete, gelang es ihm stets, wieder
auszubüchsen. Die Blicke Frau Streitpferds verdüsterten
sich. Und eines Tages lag er im Briefkasten, der Brief:

9. August

Betr.: Hund in unserem Garten

Sehr geehrte Frau Pausewang,

gestern Abend, gegen 18.00 Uhr, stand plötzlich der
braune Labradorrüde (Ben) bei uns im Garten.
Abgesehen davon, dass er unsere Kaninchen in
panische Angst versetzte (er stand direkt vor dem
Gehege und kläffte die Karnickel an) und meine
Nachbarin schreckliche Angst vor großen Hunden
hat, möchten wir auf keinen Fall mehr irgendeinen
Ihrer Hunde bei uns im Garten haben. Sorgen Sie
bitte dafür, dass sich dieser Vorfall nicht mehr
wiederholt.

Mit freundlichem Gruß

Rosamunde Streitpferd

Angelika Pausewang und ihre Töchter waren verzweifelt. Was sollten sie nur tun? Natürlich bedauerten sie die Vorfälle und besonders die armen, erschreckten Kaninchen.

Frau Pausewang überprüfte nochmals jedes kleine Schlupfloch im Garten und verrammelte es mit Maschendraht und Holzlatten. Ben sollte einfach keine Chance mehr haben, das Familiengrundstück zu verlassen.

Dann setzte sie sich schweren Herzens hin und verfasste die Antwort auf Rosamunde Streitpferds Beschwerdebrief. Um die Nachbarin milde zu stimmen, kopierte sie auf den Briefkopf Bens allerschönstes Portraitfoto.

10. August

Betr.: Hund in Ihrem Garten

Sehr geehrte Familie Streitpferd,

mit Bedauern nahmen wir zur Kenntnis, dass Ben
in Ihren Garten eingedrungen ist und Sie alle, besonders aber die Kaninchen, verärgert und erschreckt
hat. Es tut uns sehr leid. Wir bitten Sie aber um
Verständnis für unseren Ben. Er ist noch sehr jung.
Gerade ist er 7 Monate alt geworden. Er muss noch
alles erkunden und entdecken. Von ihm geht
keinerlei Gefahr aus, er ist wirklich nur neugierig.
Wir haben nun unseren Garten nochmals genau
nach Schlupflöchern untersucht und nach bestem
Wissen und Gewissen ausbruchsicher gemacht. Ben
kann Sie nun nicht mehr belästigen. Bitte glauben
Sie uns, wir werden alles daran setzen, dass aus
Ben ein guter, freundlicher Hund wird, der zu unser
aller Sicherheit und Freude da sein wird.

Mit freundlichen Grüßen

Angelika Pausewang

Kaum war der Schreck über Frau Streitpferds Beschwerde etwas verdaut, lag schon wieder ein Brief im Briefkasten. Diesmal vom Nachbarn schräg gegenüber. Hans-Georg Vogel schrieb verärgert:

15. August

Werte Frau Pausewang,

Sie als studierte Frau sollten unbedingt dafür sorgen, dass Ihre Lieblinge nicht so jaulen und bellen! Es ist so unerträglich das Gebell während der Mittagszeit, am Nachmittag und am späten Abend. Was Ruhezeiten für den Menschen bedeuten, sollten Sie als studierte Frau sehr gut wissen. Von einem Tier, in Ihrem Fall von Ihren Lieblingen, kann das nicht verlangt werden, aber von seinem Frauchen sollte man das erwarten können. Hier bei uns in der Nachbarschaft regt sich jeder über das Gebelle der Hunde auf. Sie wissen das auch, aber Sie interessiert die Nachbarschaft überhaupt nicht! Wie soll man friedlich miteinander leben, wenn ein studierter Mensch sich nicht an Regeln halten kann. Ich möchte Sie doch bitten, darüber nachzudenken, dass wir uns als Nachbarn auch wieder wohl fühlen wollen.

Mit nachbarschaftlichen Grüßen

Hans-Georg Vogel

Ihr könnt euch sicher vorstellen, wie sich Frau Pause-wang nach diesem Brief fühlte. Sie hatte Ben doch nur aus lauter Gutmütigkeit aufgenommen. Aus Barmher-zigkeit. Und nun war sie in der ganzen Nachbarschaft verhasst!

Auch überlegte sie scharf, wann die Hunde denn so laut gebellt und gejault hatten, dass man es bis vorne zum Eckhaus hören konnte. Und das mittags, nachmittags und abends!

Es fiel ihr nichts dazu ein, denn schließlich waren sie und ihre Töchter immer bei den Hunden, damit sie ja keinen Blödsinn machten.

Frau Pausewang war das alles unerklärlich und Tränen rollten über Ihre Wangen. Trotzdem, auch Herrn Vogel schrieb sie zurück:

16. August

Sehr geehrter Herr Vogel,

nicht nur als studierte Frau, sondern als Nachbarin und besonders auch als Mensch interessiert es
mich sehr wohl, was meine Nachbarn denken und
fühlen. So bin ich doch sehr bestürzt darüber, dass
unsere Hunde so ein Ärgernis verursachen. Wir
versuchen nämlich, unsere Hunde möglichst im
Hause zu halten und persönlich zu betreuen, so
dass sich lang anhaltendes Bellen quasi ausschließt.
Sollten unsere Hunde doch einmal länger als
5 Minuten am Stück bellen, bitte ich Sie dringend,
uns das telefonisch mitzuteilen oder, falls niemand
abnimmt, die Störung mit Angabe der Uhrzeit und
Belldauer auf das Band unseres Anrufbeantworters
zu sprechen. Nur so können wir nachhaltig Abhilfe
schaffen- und das wollen wir auch! Ganz ohne
Bellen wird es jedoch auch in Zukunft nicht gehen,
dafür sind es nun mal Hunde. Ich bitte Sie ganz
herzlich um Verständnis und Geduld.

Mit freundlichen, nachbarschaftlichen Grüßen

Angelika Pausewang

Frau Pausewang war wirklich am Ende. Und zum ersten
Mal dachte sie daran, Ben ins Tierheim zu geben.

Die Rettung

Noch einmal nahm Familie Pausewang alle Kraft zusammen und beherzigte die vielen gut gemeinten Ratschläge der Oma, der Nachbarn, der Freunde und der anderen Menschen, die meinten, etwas von Hunden zu verstehen.

„Hau ihm eins mit der zusammengerollten Zeitung auf das Hinterteil, wenn er Blödsinn gemacht hat", meinte zum Beispiel die Oma.

Aber als Angelika mit der Zeitung auf Ben losgehen wollte, nachdem dieser das knusprige Hühnchen aus dem Ofen geklaut hatte, meinte dieser nur, sie wolle mit ihm spielen und eine Jagd durch das ganze Haus begann.

Dann besorgte Angelika Pausewang ein spezielles Hundehalsband, das mit einer Fernbedienung gekoppelt war. Auf Knopfdruck spritzte aus dem Halsband eine Wasserfontäne. Bens Frauchen setzte den Wasserstrahl immer dann in Gang, wenn Ben etwas im Schilde führte.

Doch vergeblich, denn Ben liebte Wasser über alles. Nichts hinderte Ben daran, seinen Instinkten zu folgen, zu jagen, seine Gier nach menschlichen Nahrungsmitteln

zu befriedigen oder sein Frauchen bis zur absoluten Er-
schöpfung an der Leine durch die Gegend zu ziehen.

Nun heißt es ja immer, wenn die Not am Größten ist, gibt
es irgendwo einen Hoffnungsschimmer am Horizont.
Und dieser kam tatsächlich, nämlich in Person Frau
Siebeneichers. Karin Siebeneicher, eine ältere gutmütig
dreinblickende sportliche Frau mit kurzen silbergrauen
Haaren war eine ausgebildete Tierlehrerin.

Alle nannten sie nur Karin. Angelika Pausewangs Tochter,
Antonia, hatte von ihren Erfolgen mit sehr schwierigen
Hunden gehört. Man sagte, sie hätte Hunde, die aufgrund
schlimmer Erfahrungen nur wild um sich gebissen

haben, wieder zur Ruhe gebracht. Und so konnten diese schließlich in neue Familien aufgenommen werden und dort zufrieden leben. Manche dieser Hunde hätten sogar gelernt, den Müll in den Mülleimer zu bringen, Wäsche nach Bunt- und Weißwäsche vorzusortieren, das Licht an- bzw. auszuknipsen und dergleichen mehr.

Dann müsste es doch auch möglich sein, aus Ben einen einigermaßen verträglichen und ruhigen Hund zu machen, mit dem sein Frauchen in Ruhe spazieren gehen konnte und der einem das Essen nicht vor der Nase wegschnappte. Mehr verlangten die Pausewangs schließlich gar nicht.

Zunächst wollte sich Karin ein Bild von der Familiensituation machen. Alle Personen, die mit Ben zu tun hatten, sollten sich einfinden.
Als Karin Siebeneicher das Wohnzimmer betrat, hatten sich wunschgemäß schon alle auf der blauen halbrunden Couch im Wohnzimmer versammelt: Die Oma neben Angelika Pausewang und daneben auch die drei Töchter des Hauses, Stefanie, Angela und Antonia. Und Karin Siebeneicher staunte nicht schlecht, als sie die Papageien in ihrem Käfig zwischen weißen Papierlagen hervorlinsen sah. Auch die Fische schwammen wie hinter einer weißen

Leinwand als schwarze Schattenfiguren hin und her. Die Bobtailhündin Hexe trug einen weißen Papierkragen zur Schau und Ben war damit beschäftigt, immer weitere Papierstreifen von der Klopapierrolle abzurollen.

„Was ist denn hier los?", rief Karin entsetzt.
„Wir wollten, dass Sie mal erleben, wie Ben uns den Alltag schwer macht!", erklärte Angelika Pausewang. Deshalb haben wir ihn nicht zurückgehalten, die Klopapierrolle mal wieder abzuwickeln. Karins Blick wurde etwas

strenger. „Also so geht das ja nicht!", erwiderte sie. „Ben", flüsterte Karin leise. Und Ben schaute Karin an.

Dann winkte Karin Ben mit beiden Händen zu sich. Und tatsächlich, Ben hörte sofort damit auf, das Toilettenpapier zu verteilen, blickte Karin aufmerksam an und schlich langsam auf sie zu. Karin erhob die rechte Hand und näherte sich Ben mit einem kleinen Schritt.

Ben setzte sich. Sofort trat Karin wieder einen Schritt zurück. Dann zeigte sie mit den flachen, ausgestreckten Händen auf den Boden – und Ben legte sich hin.

Dann zog Karin ein Ledermäppchen, es sah aus wie ein Schlampermäppchen, aus der Jackentasche. Langsam öffnete Karin den Reißverschluss und nahm im Zeitlupentempo ein feines Hundeleckerli heraus.

„Willst du es haben?", fragte sie Ben. Ben war verzückt.

„Zart!", flüsterte Karin dann noch leise und schon hatte sich Ben den Leckerbissen mit seinen Lippen aus Karins Fingern ergattert. Danach winkte Karin Ben wieder zu sich und zeigte in die Richtung, in die sie mit Ben nun gehen wollte. Ben folgte ihr bei Fuß. Karin ging mit ihm im Wohnzimmer nach rechts, nach links, vor, zurück und im Kreis herum. Ben begleitete sie, als hätte er sein Leben lang kein anderes Frauchen gekannt und nichts anderes gemacht. Zum Schluss hob Karin wieder die rechte Hand und Ben setzte sich. Wieder kam das Mäppchen mit den Leckerli zum Vorschein und die Zeremonie der Übergabe begann von Neuem. Fassungslos beobachteten alle Familienmitglieder das Geschehen. War das ein Wunder, war das Magie? Karin lachte. „Sie haben einen besonders intelligenten Hund. Ben ist einfach unterfordert. Er braucht Aufgaben und klare Grenzen, ein paar Regeln und ab und zu ein Lob. Das müssten sie als Lehrerin doch wissen", sagte sie an Frau Pausewang gewandt. „Anders ist es mit ihren Schulkindern doch auch nicht, oder?" Angelika Pausewang nickte.

„Irgendwie ist es mit den Schulkindern aber erheblich leichter", dachte sie bei sich. Als ob Karin ihre Gedanken lesen könnte, fügte diese hinzu. „Keine Sorge, ich werde ihnen schon zeigen, wie sie sich mit ihrem Hund verständigen können. Warten Sie nur ab. Dann werden sie ihren Hund bald nicht wiedererkennen."

Ben lernt alles neu

Nun begann eine Zeit intensiver Arbeit. Karin und Angelika Pausewang, aber auch deren drei Töchter trafen sich mehrmals pro Woche. Zunächst kam Karin zur Familie nach Hause.

„Damit Ben lernt, die Familienmitglieder zu respektieren, müssen alle erst einmal wissen, wie sie von nun an mit Ben umgehen sollen und welche Regeln zu beachten sind", erklärte Karin.

„Zuerst soll Ben lernen, zuverlässig auf einer Decke liegen zu bleiben, bis er die Erlaubnis bekommt, diese Decke wieder zu verlassen." Und nun erklärte Karin die Deckenübung ganz genau.** Schon nach kurzer Zeit beherrschte Ben diese Übung perfekt und das Leben zu Hause bei Familie Pausewang, besonders auch die Mahlzeiten, liefen wieder entspannt ab. Alle waren überglücklich und auch Ben wirkte plötzlich wie erlöst.

„Ben fängt ganz langsam an, eine Bindung zu seiner neuen Familie aufzubauen", erklärte Karin. „Aber diese Bindung muss noch weiter gefestigt werden, indem ihr euch alle ganz intensiv um Ben kümmert, auch bei den Spaziergängen."

** *Einführung in die Deckenübung siehe Anhang Seite 115*

Karin zeigte nun, wie dies zu bewerkstelligen war und begleitete von da an fast alle Hundespaziergänge. Sie trug stets Bens Lieblingsspielzeug bei sich - ein Bällchen mit Schlaufe.

Alle, die mit Ben zu tun hatten, mussten zunächst einmal lernen, mit ihren Worten sparsam umzugehen und auf die Körpersprache zu achten, die für Ben einfacher zu verstehen war, als viele Worte. So lernte er zum Beispiel:

 Auf Winken zu seinem Frauchen zu kommen.

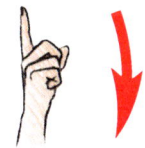 Die erhobene rechte Hand nach unten führen heißt:
„Sitzen!"

 Mit einer flach ausgestreckten Hand auf den Boden deuten heißt:
„Liegen!"

 Und ein Zeigen mit der rechten bzw. linken Hand in die gewünschte Laufrichtung bedeutet:
„Hierhin gehen wir jetzt!"

Auf den Spaziergängen lernte Ben das „Bällchensuch-
spiel". Dazu musste er sitzen bleiben und so lange warten, bis sein Frauchen das Bällchen gut versteckt hatte,
und wieder zu Ben zurückkam.
„Such verloren!", war dann der Auftrag, auf die Suche zu
gehen.
Und Ben war zum ersten Mal in seinem Leben richtig
glücklich. Das konnte man ihm ansehen.

Eifrig suchte er das Bällchen und fand es immer, so
schwierig das ausgesuchte Versteck auch sein mochte.
Sogar, wenn das Bällchen im Geäst eines Baumes hing,
entdeckte Ben sein Spielzeug und sprang fröhlich in die
Höhe, um es wieder zu ergattern.

Nach solchen Spielphasen legte sich Ben zu Hause friedlich in sein Hundekörbchen und blieb dort lange Zeit, vor sich hin dösend, liegen.

Niemand, der Ben zuvor als völlig ruhelosen und verrückten Hund kennen gelernt hatte, konnte diese Wandlung nachvollziehen.

Für Karin, die Hundelehrerin, lag die Antwort jedoch auf der Hand. Nur eine wirkliche Hundeaufgabe würde Ben herausfordern, anstrengen und ermüden. Das, was zuvor stundenlange Spaziergänge nicht schaffen konnten, war im Suchspiel mühelos erreichbar. Ben wurde ausgeglichen, zufrieden und umgänglich.

„Wichtig ist, dass ihr Bens Bällchen nicht wegwerft, um es dann wieder von Ben bringen zu lassen. Das würde seine Aufmerksamkeit auf das Bällchen richten und nicht auf euch. Wenn ihr das Bällchen aber versteckt und es erst dann suchen lasst, wenn ihr wieder neben Ben steht, ist seine Aufmerksamkeit auf euch gerichtet, ihr werdet für Ben ganz interessant und die Bindung wächst von Mal zu Mal."

Ben wurde wirklich immer anhänglicher und folgte Angelika nun auf Schritt und Tritt. Und auch sie spürte, dass Ben ihr immer wichtiger wurde. Gerne ging sie nun mit ihm spazieren, denn Ben trottete inzwischen entspannt auch an der Leine neben ihr her.

Durfte er frei laufen, genügte ein Pfiff auf der Hundepfeife und Ben war wieder zur Stelle. Selbst neben dem Fahrrad lief er aufmerksam neben Angelika her.

Die Nachbarn staunten nicht schlecht und konnten sich die Wandlung, die Ben vollzogen hatte, gar nicht erklären. Friedrich Sonnenschein grüßte sogar wieder freundlich und alles schien im Lot.

Bis auf ein ungelöstes Problem: Ben konnte immer noch nicht alleine sein! Dann bellte er stundenlang oder jaulte in den höchsten Tönen, bis endlich wieder jemand nach Hause kam. So konnte es unmöglich weitergehen.

Ben kommt in die Grundschule

Was also tun, wenn Angelika Pausewang nach den Sommerferien wieder in die Schule musste? Bislang konnten Angelika und ihre Töchter sich abwechseln und so einrichten, dass immer eine Person zu Hause war. Aber wie sollte es nach den Ferien weitergehen?

Verzweifelt wandte sich Angelika Pausewang an Karin, Bens geduldige Tierlehrerin. Sie hatte immer einen guten Rat auf Lager. Und auch dieses Mal kam ihr tatsächlich eine spannende Idee.

„Es gibt bereits viele Schulen, die Hunde bewusst einbinden. Und an eurer Schule arbeitet ja bereits ein Schulhund. Hunde haben nämlich oft eine tolle Wirkung im Schulalltag. Ihre bloße Anwesenheit wirkt auf Kinder und Lehrer entspannend. Und abgesehen davon, lernen die Kinder viel über das Tier und dessen Haltung. Das ist ja sowieso ein wichtiges Thema in der Grundschule!"

„Meinst Du wirklich?", fragte Angelika Pausewang skeptisch. „Was werden da nur die Kollegen und die Kinder sagen, von den Eltern ganz zu schweigen. Und das Schulamt? Alle werden mich für komplett verrückt erklären!"

„Nimm Ben doch erst einmal probeweise mit in die Schule, dann kannst du beobachten, ob Ben als Schulhund geeignet ist und ob die Schulgemeinde mit ihm klar kommt."

Angelika Pausewang war hin und her gerissen. Ob sie das wagen sollte? Mal fand sie die Idee ganz toll, schließlich hatten sie schon einige Tiere an der Schule: Meerschweinchen, Kaninchen, Fische, sogar Schlangen und Chaplin, den alten und gutmütigen Basset. Dann wiederum fand sie den Gedanken völlig unmöglich und riskant. Einige Nächte lag Frau Pausewang wach und wälzte sich von einer auf die andere Seite. „Ja", „Nein", „Ja", „Nein", „Ja", „Nein", „Ja", „Nein" – so ging es immer hin und her.

Am letzten Ferientag schoss Angelika Pausewang wie vom Blitz getroffen aus dem Bett:

„Ja", rief sie laut aus. „Wer nicht wagt, der nicht gewinnt! Ben kommt mit in die Schule. Vielleicht soll aus Ben ja ein Schulhund werden und es war eine Bestimmung, dass Ben in unser Haus kam."

Und so geschah es, dass Angelika Pausewang die Rücksitze ihres kleinen roten Autos ausbaute und für Ben einen Hundekorb auf der freigewordenen Ladefläche befestigte.

Am ersten Schultag nach den Ferien fuhren sie zusammen los. Auf halber Strecke jaulte Ben vor dem Seitenfenster. Angelika Pausewang öffnete es und sofort streckte Ben seine Nase in den Fahrtwind.

Als sie durch den kleinen Schulort fuhren, sahen ihnen viele Menschen verdattert nach.

Aller Anfang ist schwer

Die Lehrer und die Kinder staunten nicht schlecht, als Angelika Pausewang mit Ben die Schule betrat.

„Oh, ein Hund!", rief es aus allen Ecken und „Oh, ist der aber süß!" Die Kinder schnalzten und pfiffen, winkten und hüpften um Ben herum. Einige ganz mutige Schüler griffen sogar in Bens seidiges Fell oder kraulten ihn hinter den Ohren. Angelika Pausewang sah mit Besorgnis, dass Bens Rücken sich krümmte und er seine Rute zwischen die Hinterläufe klemmte.

Und die Lehrer? Thorsten Kussmaul blieb der Mund offen stehen und Vickie Pickler schaute pickiert.

„Was soll denn das, sind wir denn jetzt auf den Hund gekommen?", entfuhr es ihr.

Angelika Pausewang versuchte, so gut es ging, zu beruhigen. „Ich erzähle Ihnen alles in der Konferenz am Mittag".

In der Zwischenzeit richtete sie für Ben ein schönes Lager im Rektorat unter ihrem Schreibtisch ein.

Als die Sekretärin, Tabea Hunger, Ben erblickte, rief sie: „Oh, ist das unser neuer Konrektor?" Tabea Hunger war eine Frau mit viel Humor und tatsächlich hatte die Schule schon seit einem Jahr keinen Konrektor mehr.

Angelika Pausewang berichtete ihrer Sekretärin von ihrem Plan, Ben als Schulhund einsetzen zu wollen. Tabea Hunger blickte etwas skeptisch drein. „Ob das klappen kann?", dachte sie im Stillen.

Währenddessen machte Ben es sich auf seinem Hundelager bequem und schnaufte einmal tief durch. Gerne hätte er nun etwas entspannt. Aber was war das?

Da klingelte es - Ben bellte.
Da klopfte es - Ben jaulte.
Da schlug eine Tür - Ben bellte erneut.
Da ging eine Tür auf - Ben sprang auch auf.
Die andere Tür schlug zu - Ben grunzte.
Große und kleine Menschen traten ins Zimmer - Ben schnupperte.
Papier fiel zu Boden - Ben zerriss es.

Und da, was war das? Eine duftend frische Brezel! Die musste doch für Ben sein, oder nicht? Schwupp, war sie weg und ein gellender Schrei durchdrang das ganze

Schulhaus: „Das war meine Brezel!" Frau Hunger war außer sich. „Das kann ja heiter werden!", rief sie und ihr Humor hatte sie für einen kurzen Moment verlassen.

Angelika Pausewang war das alles äußerst peinlich. So hatte sie sich Bens Start ins Schulleben wahrlich nicht vorgestellt. In der Konferenz musste sie ihre Kollegen ebenfalls beruhigen. Bens Bellen und Frau Hungers Schrei waren nämlich im ganzen Schulhaus zu hören gewesen. Angelika Pausewang erklärte, dass Ben zunächst ein Jahr auf Probe in der Schule bleiben würde. Danach sollten alle Lehrer und Eltern gefragt werden, ob sie sich Ben als Schulhund vorstellen könnten. Und nur dann würde Ben als Schulhund für immer an der Schule bleiben.
Als sich die Schule am Nachmittag nach und nach leerte,

wurde Ben immer ruhiger. Angelika nahm ihn zu sich und strich ihm über das seidige Fell. Mit seinen bernsteinfarbenen Augen sah er sie durchdringend an, als wollte er sagen:

„Frauchen, was machst du nur mit mir?" Und ganz im Innern wusste sie: Der heutige Tag war für Ben eine ganz große Herausforderung, ja eigentlich sogar eine Überforderung. Langsam, Stück für Stück hätte sie Ben an seine neue Aufgabe heranführen müssen.

Vielleicht hätte er erst einmal nur eine Stunde in der Schule bleiben sollen, am nächsten Tag dann vielleicht zwei und so weiter?

Aber nein, sie musste mal wieder alles in einer Hauruckaktion durchführen. Das war doch einfach zum Scheitern verurteilt. Angelika Pausewang war verzweifelt. Wer konnte ihr nur helfen? Sie griff zum Telefon. Karin ging an den Apparat und hörte sich die ganze Geschichte an.

„Weißt du, jetzt gehst du mal mit Ben in aller Ruhe durch die Schule und zeigst ihm alles und zwar jeden noch so kleinen Winkel."

Morgen komme ich vorbei und helfe euch.

Hunderegeln müssen sein

Was muss denn eigentlich ein Schulhund alles können? Wie im wirklichen Leben sind es oft die vermeintlich einfachsten Dinge, die am meisten Beherrschung und Ausdauer erfordern.

Das erklärte Karin Siebeneicher der verzweifelten Rektorin am nächsten Tag. Ben muss erst einmal lernen, im Rektorat ganz ruhig auf seiner Decke liegen zu bleiben. Dann braucht er Zeit, um all die vielen fremden Geräusche in der Schule kennenzulernen und zuordnen zu können", erklärte sie weiter.

Darin bestand Bens erste Herausforderung. Ben blieb also auf seinem Hundeplätzchen unter dem Schreibtisch seines Frauchens liegen und konzentrierte sich auf die vielen neuen Geräusche. Und tatsächlich, schon nach wenigen Tagen wurde Ben spürbar ruhiger.

Täglich machte Angelika Pausewang zudem den gleichen Rundgang durch die Schule. Bald wackelte Ben dabei lustig mit dem Schwanz. Aber immer, wenn sich die Tür zum Rektorat öffnete, sprang Ben neugierig auf, um als erster zu sehen, wer denn eintreten wollte.

Du kannst dir sicher vorstellen, dass das nicht allen Besuchern gefiel. Manche bekamen es sogar mit der Angst zu tun. Und da in einem Rektorat viele Menschen aus- und eingehen, musste sich das unbedingt schnell ändern. Karin beobachtete die Situation.

„Alle Besucher, Groß und Klein, sie treten viel zu ungestüm ins Rektorat. Da erschrickt Ben. Wir müssen es schaffen, dass alle die Türklinke nach dem Anklopfen, leise und vorsichtig herunterdrücken und die Türe langsam öffnen. Nur dann hat Ben genug Zeit, sich darauf einzustellen, dass jemand eintreten wird. Dann muss er nicht mehr wild aufspringen, aus Angst, etwas zu versäumen."

Und damit dieses besser wird, beauftragte die Schulleiterin Tilda aus der Klasse 3c, ein Schild für die Rektoratstür zu entwerfen. Und seitdem hängt es da:

Und tatsächlich! Alle Besucher hielten sich sofort an diese Regel und nicht nur Ben, sondern auch sein Frauchen fanden das ganz angenehm.

Damit Ben diese Situation auch oft genug üben konnte, erklärten sich alle Lehrer und viele Schüler freiwillig dazu bereit, auch ohne Grund langsam und leise ins Rektorat einzutreten.

Und schon bald war es für Ben das Normalste auf der Welt, dass sich die Tür dutzende Male am Tag öffnete und wieder schloss und viele verschiedene Menschen sein Reich betraten und wieder verließen.

Aber auch Angelika Pausewang musste zu Übungszwecken häufiger das Rektorat verlassen. Erinnert Ihr euch? Ben konnte eigentlich gar nicht alleine bleiben. Bens Lehrerin, Karin Siebeneicher, legte den Ablauf dieser Übung genau fest.

„Du steckst das Futtermäppchen ein, das aussieht wie ein Schlampermäppchen, wendest dich Ben zu und sagst „Bleib!", dann gehst du aus der Tür. Nach einer Minute kommst du wieder und wenn Ben ruhig blieb und dir nicht entgegenrennt, bekommt er auch ein Leckerli.

Diese Übung wiederholte die Schulleiterin sehr oft und immer blieb sie etwas länger weg. Als sie zehn Minuten wegbleiben konnte, war das schon ein großer Erfolg.

Nun wollte Angelika Pausewang Ben immer häufiger mit Kindern in Berührung bringen. Wenige, aber ganz wichtige Regeln im Umgang mit Schulhunden und ganz besonders mit Ben, sollten dabei helfen.

Frau Pausewang und Karin Siebeneicher einigten sich auf fünf zentrale Regeln und entwarfen ein Plakat dazu, das in den Klassenzimmern, in den Fluren und in der Aula der Schule aufgehängt wurde:

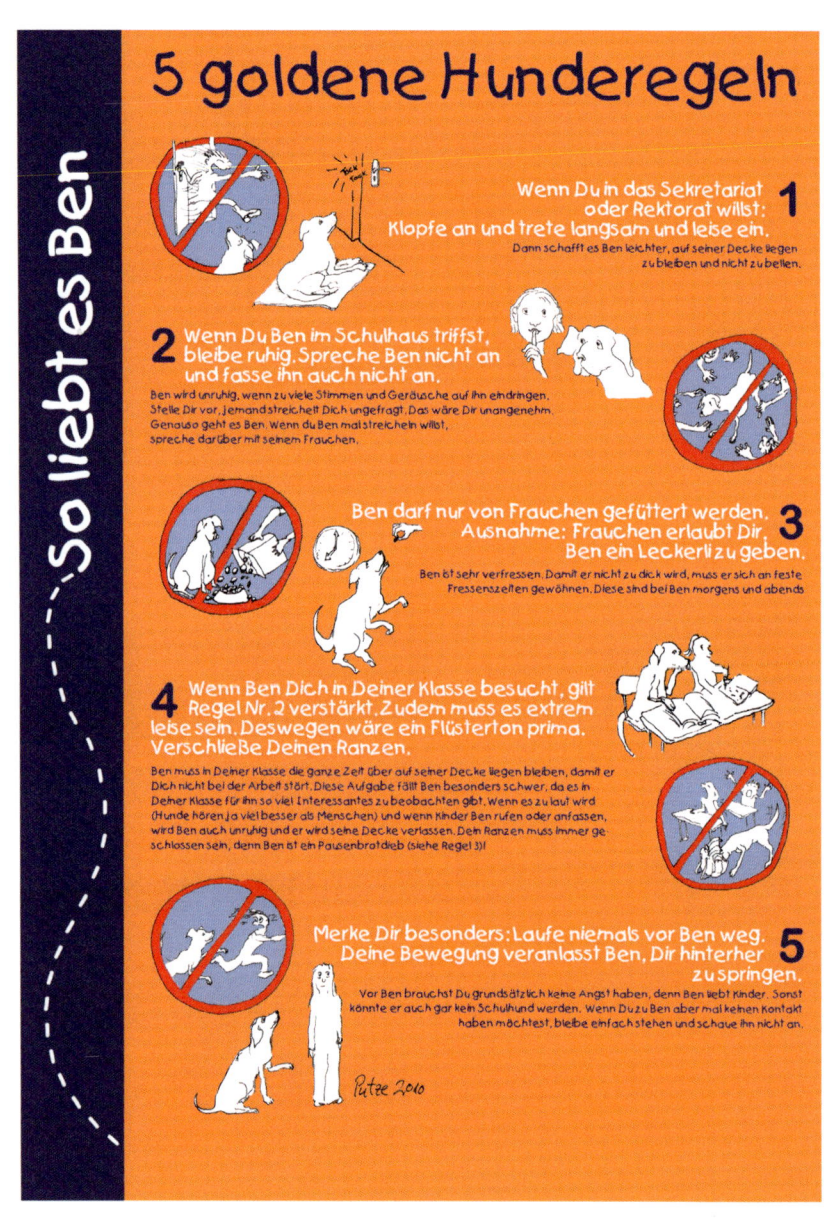

*** *Quelle siehe Anhang Seite 119*

Ben und die Schulkinder

Schon in dieser ersten Zeit hatte Angelika Pausewang eindrückliche Erlebnisse. Eines Tages öffnete sich die Türe entgegen der Regel ziemlich stürmisch. Murat trat ein. Tränen standen ihm in den Augen. „Der Daniel hat mich geschlagen, dann getreten und auch gezwickt!" Angelika Pausewang wollte gerade etwas entgegnen. Da stand Ben ganz langsam auf und näherte sich Murat. Dieser fing an, über Bens Fell zu streicheln. Nach einiger Zeit fragte Bens Frauchen: „Murat, warum bist du eigentlich gekommen?" „Ach", lächelte dieser, „ist schon in Ordnung!"

Ein anderes Mal ging die Rektoratstüre auf und eine Gruppe Kindergartenkinder stand mit ihrer Betreuerin vor der Tür. Sie wollten die Schule kennenlernen und so eben auch das Rektorat. Winzig und zerbrechlich standen sie fragend da. Ben erhob sich, legte sich vor den Kindern ab und schaute sie ganz zuversichtlich an. Das Eis war gebrochen. Nun musste Angelika Pausewang unzählige Fragen zu Ben beantworten und viele winzig kleine Händchen streckten sich Ben entgegen. Durch nichts ließ sich Ben aus der Ruhe bringen. Und als sich die Gruppe zurückzog, waren alle Kinder ganz beglückt.

Oder Martin, der in der Nachmittagsbetreuung gestört hatte. Wütend redeten zwei Betreuerinnen und seine Mutter auf ihn ein. Martin bockte. Er fühlte sich von den Erwachsenen unverstanden. Als er wieder zurück in seine Gruppe gehen sollte, sagte er einfach „Nein!" und blieb wie versteinert stehen. Nichts war mehr zu machen. Da half auch kein gutes Zureden und kein Zerren und Ziehen seiner Mutter mehr. Martin rührte sich nicht vom Fleck.

Die Rektorin, die die ganze Szene beobachtet hatte, näherte sich langsam mit Ben.

„Komm, Martin. Ich habe eine Aufgabe für dich!", sagte sie leise, aber bestimmt. Ben kann noch nicht alleine im Rektorat bleiben. Willst du ihm ein paar Minuten Gesell-schaft leisten? Ich habe noch etwas Dringendes zu erledigen."

Martin nickte. Er fasste Ben am Geschirr und beide betraten das Rektorat. Die Tür schloss sich hinter ihnen. Nach kurzer Zeit kam die Schulleiterin zurück. Und was sah sie da? Friedlich lag Martin neben Ben auf dem Fußboden und streichelte ihn. Sein Gesichtsausdruck war wieder fröhlich und entspannt.

„Das war aber schön mit Ben. Er war ganz lieb!", berichtete Martin begeistert.

„Und, gehst Du jetzt wieder in deine Gruppe?", fragte Angelika Pausewang besorgt.

„Na, klar", rief Martin. „Aber darf ich Ben wieder einmal besuchen?"

Die Schulleiterin nickte lächelnd, als Martin das Rektorat verließ. Da Ben so gut mit den Kindern zurechtkam, wollte Frau Pausewang Ben nun auch mit in den Unterricht nehmen.

Sie wählte zunächst eine Klasse aus, in der sie selbst viel unterrichtete und erzählte diesen Kindern aus Bens bewegtem Hundeleben. Alle hörten gebannt zu.

Dann fragte sie, ob sich die Kinder vorstellen könnten, quasi ein Probejahr mit Ben zu verbringen. In diesem Jahr sollte Ben nochmals unter Beweis stellen, ob er sich als Schulhund tatsächlich eignen würde.

Hätte er die Geduld und Kraft mit dem wuseligen, manchmal auch unübersichtlichen und etwas lauten Schulalltag fertig zu werden? Könnte er so eine Liebe zu den Kindern entwickeln, dass er immer zuverlässig, auch in Stresssituationen, reagieren würde? Schließlich dürfte Ben

Kinder niemals laut anbellen, sie zwicken oder gar beißen. Das musste von vorne herein ausgeschlossen werden können. Die Kinder erklärten sich mit dem Experiment einverstanden, obwohl einige zugaben, etwas Angst vor Ben zu haben.

Auch die Eltern der Kinder wurden gefragt, ob sie das Hundeprojekt unterstützen würden. Alle willigten trotz anfänglicher Skepsis ein.

Und so begann die Arbeit mit Ben in der Klasse 3b. Bens erste Übung in der Klasse war wieder die „Deckenübung". Er musste lernen, eineinhalb Stunden am Stück auf seiner Decke liegen zu bleiben und zu akzeptieren, dass sein Frauchen im Klassenzimmer umherging, an dieTafel schrieb, sich zu einzelnen Kindern hinsetzte usw.. Das war gar nicht so einfach, denn Ben wollte immer ganz nah bei seinem Frauchen sein. Öfters versuchte er, die Decke zu verlassen und seinem Frauchen hinterher- zulaufen.

Doch Angelika Pausewang blieb hart. Immer wieder schickte sie ihn auf die Decke zurück. Manchmal kam es vor, dass Ben vor Ungeduld laut bellte. Das machte vor allem den Kindern zu schaffen, die sich sowieso ein biss- chen vor Ben fürchteten.

Besonders Karle in der ersten Reihe konnte Ben gar nicht vertrauen. Schon bevor Ben überhaupt daran dachte zu bellen, hielt er sich die Ohren zu. Aber wer sich die Ohren zuhält, kann schlecht schreiben oder malen oder schriftlich Rechenaufgaben lösen oder…….

Wozu ist eigentlich ein Schulhund gut?

Ja, diese Frage stellt ihr euch sicher schon lange. Zumal Karle ja zunächst gar nicht glücklich über Bens Anwesenheit war. Aber das änderte sich rasch. Bald lernten die Kinder ganz leise zu sein, um Ben nicht zu stören. Schließlich hört Ben ja viel besser als Menschen schon die kleinsten Geräusche.

Alle Beteiligten bewegten sich langsamer und vorsichtiger, so dass Ben immer entspannter und ruhiger auf seiner Decke liegen blieb. Und auch Karle gewann Zutrauen zu Ben.

Bald wussten die Jungen und Mädchen sehr zu schätzen, dass es im Unterricht nun viel ruhiger zuging und sie sich tatsächlich besser konzentrieren konnten. Irgendwie war einfach alles entspannter, wenn Ben da war.

Nach jeder Unterrichtsstunde durfte ein anderes Kind Ben von seiner Decke holen. Weißt Du noch wie das geht?

Ein Leckerli geben, warten bis Ben es gefressen hat, Ben loben und streicheln, die Decke wegnehmen und aufräumen. Danach ist Ben wieder frei.

Ja, und so lernten die Kinder ganz nebenbei den richtigen Umgang mit dem Hund.

Angelika Pausewang legte außerdem ein Hundeheft an, in das die Kinder alles notierten, was sie über Hunde erfuhren. Dabei bekam sie Hilfe von Klara. Die hatte ja auch ihr Interesse an Hunden in einem Heft festgehalten. Nun gab sie Angelika Pausewang Tipps, was Kinder an Hunden interessieren könnte.

Außerdem schrieb die Schulleiterin Bens Lebensgeschichte auf. Keine andere Geschichte lasen die Kinder so gerne und aufmerksam, wie die Geschichte über Ben. Selbst Kinder, die immer nur ungern ein Buch in die Hand nahmen, wurden zu begeisterten Lesern. Und das lag einzig und alleine an Ben.

Manchmal überprüfte Frau Pausewang, ob die Kinder auch alles genau und gründlich gelesen hatten. Darum stellte sie Fragen zur Geschichte, die die Kinder dann schriftlich beantworten mussten. Und wirklich: Die Antworten der Jungen und Mädchen kamen wie aus der Pistole geschossen. Selbst Hörzeichen für Ben lernten sie aus der Geschichte und wandten sie bei Ben erfolgreich an. Es war einfach fantastisch, wie Ben die Kinder zum Lesen und Schreiben bewegte. Aber noch beeindruckender war, wie liebevoll die Kinder mit Ben umgingen und wie respektvoll Ben allen kleinen Wesen begegnete. So zaghaft die Kinder manche Aufträge in Zeichen oder Sprache auch gaben, Ben folgte sofort, manchmal auch schon bevor der Auftrag ganz ausgesprochen war. Angelika Pausewang war darüber sehr gerührt und konnte diese Wandlung bei Ben und auch den Schulkindern manchmal gar nicht glauben.

Am schönsten aber waren die Stunden, in denen direkt mit Ben gearbeitet wurde. Oft kam Bens Lehrerin, Karin Siebeneicher, dazu. Dann bauten sie einen Bewegungsparcours auf, den die Kinder gemeinsam mit Ben bewältigen mussten: Slalom laufen, über Hürden springen, auf einer Hängebrücke balancieren usw.. Ihr könnt euch sicher vorstellen, dass selbst der größte Bewegungsmuffel einmal mit Ben an der Leine die einzelnen Stationen ablaufen wollte.

Am Schluss solcher Stunden durften die Kinder mit Ben immer Suchspiele machen. Für sein Leben gerne ließ sich Ben Bälle, Halstücher oder Handschuhe irgendwo auf dem Schulhof verstecken. Diese stöberte er dann auch mit Begeisterung in entlegenen Winkeln wieder auf und legte sie den Kindern stolz vor die Füße. Frau Siebeneicher zeigte den Kindern dann, wie diese Freude des Hundes am Suchen auch für die Personensuche eingesetzt werden kann.

Zunächst legte sie Fährten. Dazu nahm sie einmal getragene Socken von einer Person, die dann auch den Fährtenweg abgehen musste. Einer der Socken kam mehrere Stunden in eine fest verschlossene Plastiktüte. Dieser Socken war zum Schnüffeln und Geruchaufnehmen für den Hund gedacht und wurde an den Anfang der Fährte gelegt. Den anderen sollte der Hund am Ende der Fährte finden. Zwischen der Socke in der Plastiktüte und der Socke am Ende der Fährte musste die Person, der die getragenen Socken gehörten, eine Strecke ablaufen. Mit Schuhen, versteht sich.

Dann kam Bens Auftritt. Er schnupperte kräftig in der Tüte mit dem getragenen Socken am Anfang der Fährte. Dann nahm er die Fährte auf. Meistens bewegte Ben sich ganz genau auf der Spur, die ihm der Mensch vorgegeben hatte. Zielstrebig steuerte er so auf die zweite versteckte Socke am Ende der Fährte zu. Ben brachte dann die zweite Socke zurück, musste anschließend aber nochmals mit seinem Frauchen zum Fundort zurücklaufen, um zu zeigen, wo er den Socken gefunden hatte. Das war wichtig. Denn im nächsten Schritt sollte Ben anstatt des Sockens auch Personen in Notlage auffinden und anzeigen können, wo sich diese befinden. Auch das wurde mit den Kindern geübt und ihr könnt leicht nachvollziehen, welchen Spaß es allen machte, sich vor Ben zu verstecken und sich von ihm wieder finden zu lassen.

Ben lernte zudem einen Trick nach dem anderen und führte nur all zu gerne vor, was er konnte: Linkes Pfötchen geben, rechtes Pfötchen geben, auf Kommando die Lefzen abschlecken, aus fünf gleichen Eimern den Eimer, unter dem das Futtermäppchen liegt, herausfinden, sich auf den Rücken legen und einmal um die eigene Achse drehen, die Arbeitsblätter im Körbchen austragen und vieles mehr. Nie bekamen die Kinder genug von diesen Vorführungen und wie groß war der Spaß, wenn Ben wieder etwas Neues dazu gelernt hatte.

Und am 6. Dezember spielte Ben ganz selbstverständlich den Nikolaus. Mit Ben macht die Schule einfach riesigen Spaß.

Um ehrlich zu sein, muss ich euch an dieser Stelle auch verraten, dass mit Ben keineswegs immer alles glatt ging.

Gerade in der Weihnachtszeit kamen sein alter Jagdtrieb und seine Fresssucht zum Ausbruch. Denn – überall standen die köstlichsten Leckereien.

Jede Schulklasse pflegte zur Weihnachtszeit zu backen und ihre Leckereien in den Klassenzimmern auszustellen, z.B. kleine, mit Zuckerguss überzogene Lebkuchenhäuser, feinstes Weihnachtsgebäck, Schokoladenplätzchen, ach einfach alles, wovon Kinder und anscheinend auch Schulhunde in der Weihnachtszeit träumen. Tja, Ben war ein Meister im Ausbüchsen. Er wusste genau, wann sein Frauchen abgelenkt war, denn er beobachtete auch Frau Pausewang immer ganz genau.

War sie mal am Telefon oder in ein Gespräch vertieft, genügte es, wenn die Tür zum Rektorat nur einen kleinen Spalt breit offen stand. Zuerst räkelte er sich ganz entspannt auf seiner Hundedecke. Das wähnte sein Frauchen in Sicherheit. „Ah, Ben ist entspannt, ich kann mich auf meine Arbeit konzentrieren", dachte sie dann. Ein bis zwei Minuten später schlug dann Bens Stunde. Meistens nutzte er die Pausen für seinen Beutezug. Da war er ungestört. Auf leisen Sohlen schlich er sich zur Rektoratstür, öffnete sie mit der Schnauze und schon war er weg. Nun gehörte ihm das ganze Schulhaus.

Zunächst kamen die Mülleimer dran. Da gab es nach Geburtstagen meistens schöne Papierförmchen, die Ben genüsslich ausschleckte und, wenn die Donutkrümel gut waren, auch ganz und gar auffraß.

Aber in der Weihnachtszeit hatte Ben das gar nicht nötig. In jedem Klassenzimmer fand er eine andere Leckerei, von der er mal mehr und mal weniger naschte. Ihr könnt euch sicher denken, wie enttäuscht die Kinder waren, wenn ihr Gebäck nicht mehr vollständig war. Und natürlich wussten sie sofort, wer der Übeltäter war. Aber sie verziehen Ben. Doch ohne Strafe kam er nie davon. Und da waren die Kinder wirklich kreativ.

Manchmal musste Ben zu Strafe die Kinder im Unterricht besuchen und Kunststücke vorführen, ein anderes Mal musste Ben in der Pause über die Hängebrücke balancieren, dann wiederum musste er mal eine Klasse zum Spielplatz begleiten oder für ein Kind den verlorenen Hausschuh suchen.

Sicher versteht ihr sofort, dass das keine wirklichen Strafen für Ben waren, denn all das machte er wirklich sehr gerne.

Aber auch alle anderen Versuche, Ben das Stehlen von Essbarem abzugewöhnen, blieben erfolglos. Und so kam es immer wieder vor, dass eine Lehrerin mal ihr Pausenbrot nicht mehr fand, dass der Hefezopf für den Besuch der Schulamtskommission aus dem oberen Regal verschwunden war und dergleichen Scherze mehr. Da gab es manchmal richtig Ärger, das will ich gar nicht beschönigen.

Aber Ben machte es im nächsten Moment mit seinem freundlichen Wesen und seinem Verständnis für Kinder wieder gut.

Darf Ben in der Schule bleiben?

Schnell war das Schuljahr vergangen. Mit Ben an der Seite kam es Frau Pausewang sogar noch schneller vor als sonst. Mit ihm hatte sich der ganze Schulalltag verändert und an Leichtigkeit und Freude gewonnen.

Die vielen kleinen und großen Erlebnisse mit Ben ließen die Tage nur so dahinfliegen. Die letzten Konferenzen standen bevor und nun hieß es für Ben endgültig „Hopp oder Topp!" Erinnert ihr euch? Ben war ja immer noch in der Probezeit.

Was die Schüler dachten, das wusste Angelika Pausewang schon lange. In vielen Briefen und wunderschön gemalten Bildern hatten sie ihre Sympathie für Ben gezeigt.

Auch die Schulsekretärin, Tabea Hunger, hatte Ben inzwischen in ihr Herz geschlossen und war dazu übergegangen, ihre Frühstücksbrezel in der Schublade vor Ben zu verstecken. Außerdem hatte sie Hundesnacks beschafft, mit denen sie Ben entschädigte, wenn er ihr beim Frühstück mit hungrigen Augen zusah.

Aber würden sich die Lehrkräfte der Schule und die Eltern nun für oder gegen Bens Verbleib in der Schule aussprechen? Wenn Eltern ins Rektorat eintraten, begrüßten viele zuerst Ben freudig und danach erst Frau Pausewang.

„Guten Tag, Ben, guten Tag Frau Pausewang." Hieß das nicht Freundschaft?

Auch die Kollegen begrüßten Ben stets freundlich und sahen zunehmend gelassen auch über seine gelegentlichen Beutezüge hinweg. Ihr wisst schon, was ich meine.

Trotzdem fieberte die Schulleiterin mit etwas Bangen den letzten beiden wichtigen Konferenzen entgegen, der Gesamtlehrerkonferenz und der Schulkonferenz. In beiden Konferenzen musste nämlich eine Mehrheit für den Verbleib Bens in der Schule stimmen.

In der Gesamtlehrerkonferenz sind alle Lehrer der Schule vertreten. Da war Bens Zukunft der letzte Tagesordnungspunkt.

„Nun, liebe Kollegen", begann die Rektorin, „haben wir noch eine wichtige Entscheidung zu treffen. Soll Ben auch künftig an unserer Schule bleiben oder nicht?" Sie sah in die Runde.

Thorsten Kussmaul hatte wie immer den Mund offen und Vickie Pickler schaute pickiert. Die anderen 10 Lehrerinnen schauten drein wie immer.

„Kein gutes Zeichen", dachte sich die Schulleiterin: „Brauchen wir eine geheime Abstimmung?", fragte sie in die Runde. Dann hätten alle anwesenden Lehrer auf einem Zettel abstimmen müssen. Aber alle Anwesenden schüttelten mit dem Kopf. Dann stellte sie die Frage aller Fragen: „Wer ist dafür, dass Ben an unserer Schule bleibt und unser Schulhund wird?"

Und was soll ich euch sagen?

Alle Hände der anwesenden Lehrer schnellten in die Höhe! Das war eine einstimmige Antwort für Ben. Angelika Pausewang fiel ein Stein vom Herzen. Sogar in der Schulkonferenz, in der auch Eltern stimmberechtigt waren, fiel die Entscheidung ganz klar für Ben aus.

Also war Bens Zukunft an der Schule gesichert. Ben würde ein Schulhund werden und zwar ein guter, da war sich die Schulleiterin ganz sicher.

Hundekekse schmecken lecker

Für die letzte Woche vor den Sommerferien hatte sich Angelika etwas ganz Besonderes ausgedacht. Sie wollte mit den Kindern der Klasse 3b schmackhafte Hundeleckerli backen. Ben hatte sich das wirklich verdient und den Kindern würde das Backen sicher Freude machen. Jedes Kind bekam ein Zettelchen mit nach Hause, auf dem notiert war, was das Kind für den Backtag benötigte.

Karle, zum Beispiel musste eine Schürze, ein Welholz und eine Dose Thunfisch mitbringen. Sabrina eine Schürze, ein Brettchen, ein Messer und Quark und Tiffany eine Schürze, eine Schüssel und Roggenmehl.

Alle Kinder brachten die erforderlichen Zutaten und Backutensilien zuverlässig mit und tatsächlich konnten drei verschiedene Sorten gebacken werden, nämlich- Fischhappen mit Thunfisch, Käsetaler mit Käse und Leberwurströllchen mit Leberwurst. Die Kinder waren mit Begeisterung dabei und schließlich wurden die Leberwurströllchen gerollt, die Käsetaler geformt und aus den Fischhappen mit speziellen Ausstechern lustige Formen herausgelöst, z.B. Hundepfoten, kleine Kätzchen, Knochen usw..

Als die Hundeleckerli im Ofen waren, entwickelte sich im Raum ein wunderbarer Duft.

Ben, der ausnahmsweise mit in die Küche durfte und dort zuverlässig auf seiner Decke lag, begann das Wasser im Maul zusammenzulaufen und es triefte ihm bereits aus den Lefzen. Auch die Kinder sahen ganz gierig drein, so als könnten sie das Ende der Backzeit gar nicht erwarten. Und als dann die leckeren, goldbraun gebackenen Fisch-, Käse- und Leberwurstteilchen vor ihnen lagen, fragte Karle schüchtern: „Dürfen wir auch mal probieren?" Da lachte Angelika Pausewang. „Natürlich dürft ihr das, in den Hundeleckerli sind ja nur gute Sachen drin!"

Und tatsächlich, ein Kind nach dem anderen näherte sich den Hundkeksen um eine, zwei oder gar alle drei Sorten zu probieren. Angelika hörte nur noch ein „Hmmmm!", „Lecker!", „Super!", „Hätte ich nicht gedacht!" oder „Die back ich mir auch mal!"

Zum Schluss blieb von den vielen Leckereien für Ben gar nicht mehr viel übrig.

Aber auch er fraß den kleinen Rest mit Freude und Genuss. „Macht nichts", kommentierte die Schulleiterin. „Wir backen im neuen Schuljahr einfach noch einmal!"

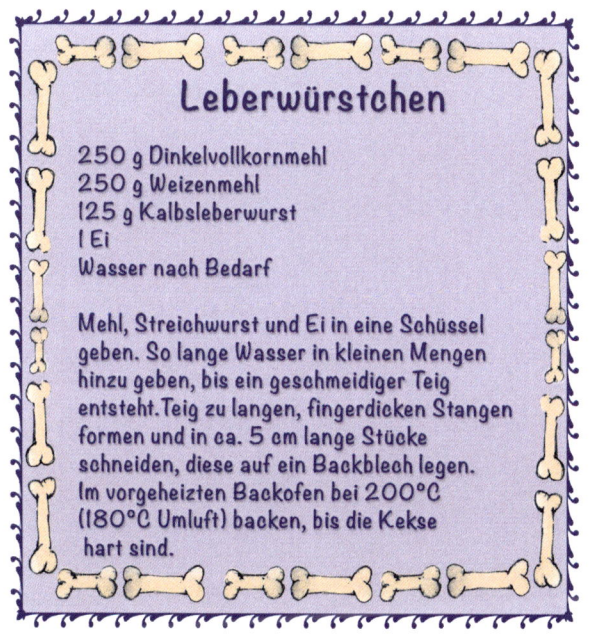

Leberwürstchen

250 g Dinkelvollkornmehl
250 g Weizenmehl
125 g Kalbsleberwurst
1 Ei
Wasser nach Bedarf

Mehl, Streichwurst und Ei in eine Schüssel
geben. So lange Wasser in kleinen Mengen
hinzu geben, bis ein geschmeidiger Teig
entsteht. Teig zu langen, fingerdicken Stangen
formen und in ca. 5 cm lange Stücke
schneiden, diese auf ein Backblech legen.
Im vorgeheizten Backofen bei 200°C
(180°C Umluft) backen, bis die Kekse
hart sind.

**** *Zwei weitere Rezepte siehe Anhang Seite 117*

Was macht ein Schulhund in den Ferien?

Tja, eigentlich dasselbe wie sein Frauchen. Morgens ausschlafen, dann beim Frühstück herumtrödeln und anschließend einen ausgiebigen Spaziergang im Wald.

Ben liebt es aber auch, mit seinem Frauchen wegzufahren. Lange Autofahrten liegen Ben besonders. In Angelika Pausewangs kleinem Auto gibt es ja keine Rücksitze. Vielmehr befindet sich dort Bens Hundekörbchen, in dem er auch auf langen Fahrten gerne liegt und vor sich hindöst.

Nur manchmal setzt er sich auf, um draußen nach dem Rechten zu sehen. Ab und zu berührt er dann sein Frauchen mit der Schnauze an der Schulter. Das heißt: „Mach mir das Fenster wieder auf!" Und wie freudig hält er dann seine Nase in den Fahrtwind.

Gerne fährt Ben mit seinem Frauchen in die Berge. Lange Wanderungen bergauf und bergab sind seine Spezialität.

Aber ganz besonders liebt Ben das Meer. Seite an Seite mit seinem Frauchen schwimmt er weite Strecken ohne zu ermüden.

Ob er die Kinder in den Ferien vermisst? Niemand weiß das ganz genau.

Auf alle Fälle nutzt Ben gerne alle nur denkbaren Chancen, auch in den Ferien mit Kindern in Kontakt zu kommen. Hier ein kleiner Ruck an der Leine, dort ein kleiner Bogen, wenn Ben ohne Leine laufen darf, und schon sitzt Ben mal wieder vor einem Kind oder gar einer ganzen Kinderschar. Und wie er es genießt, wenn die Kinder ihn dann streicheln, ihn loben oder gar bewundern!

Tja, sind dann ein oder gar zwei Ferienwochen vergangen, steigt in Ben Unruhe auf und er versucht sich wieder mal an alten Dummheiten, z.B. die Klopapierrolle abzuwickeln, erinnert ihr euch? Spätestens dann weiß sein Frauchen:

Es wird Zeit, dass die Schule wieder anfängt.

Ein Wort zum Schluss

Den Schulhund Ben gibt es wirklich und die Geschichte, die ich euch erzählt habe, ist wahr. Lediglich die Namen der Menschen sowie ein paar Personen sind ausgedacht.

Tatsächlich begleitet Ben sein Frauchen auch heute noch jeden Tag in die Schule. Und tatsächlich haben die Kinder und auch Bens Frauchen viel Spaß mit Ben.

Nun denkt ihr euch vielleicht im Stillen, wie schön es wäre, wenn ihr auch so einen Hund hättet, zumindest in der Schule. Deshalb will ich euch jetzt ein paar Sachen sagen, die ich in der Geschichte verschwiegen habe.

Bens Ausbildung zu einem guten Schulhund hat alle Beteiligten viel Kraft gekostet. Für Ausbildung, gutes Futter, Tierarztkosten und Hundesteuer braucht der Hundhalter zudem eine Menge Geld und auch im Urlaub muss er oft für den Hund extra bezahlen.

Außerdem muss der Hundebesitzer seinem vierbeinigen Freund auch mal eine Zecke entfernen, ihm den Po putzen, wenn er Durchfall hat, Erbrochenes aufwischen, wenn er mal spucken muss und ihn, wenn er mal Flöhe oder Blähungen hat, immer noch lieben.

Auch macht Ben nach wie vor manchmal Dummheiten. Erst neulich hat er mitten in der Nacht, als er sich ganz sicher war, dass sein Frauchen im Tiefschlaf war, seinen Schlafplatz verlassen (du weißt sicher noch, wo er schläft?). Dann hat er sich in die Küche geschlichen. Da dort alles weggeräumt war, ist er von der Küchenbank auf die Arbeitsplatte geklettert und hat nacheinander die Türen aller Hängeschränke aufgeklappt. Dort nämlich, ganz hinten hinter den Gläsern, Tellern und Tassen, versteckt Angelika Pausewang manchmal ein kleines Stückchen Schokolade. Ja und das hat er sich dann geholt. Leider mussten bei der Aktion zwei Tassen daran glauben!

Wen das alles nicht abschreckt und wer ganz fest in sich den Wunsch verspürt, einmal einen eigenen Hund zu haben, der wird ihn auch bekommen! Da bin ich mir ganz sicher!

Aber zuvor findet ihr sicherlich irgendwo ganz in der Nähe einen Hund, der zusätzliche Fürsorge braucht und um den ihr euch kümmern könnt, vielleicht in einem Tierheim oder bei einer Familie, die wenig Zeit für den eigenen Hund aufbringen kann. So eben wie bei Klara.

Ach ja, Klara. Gerne hätte sie Ben mal wieder gesehen oder wäre ab und zu mit ihm spazieren gegangen. Aber das hatte Bens Lehrerin, Karin Siebeneicher, zunächst ausdrücklich verboten. Die Begegnung mit seinem ersten Frauchen könne Ben aus der Bahn werfen, meinte sie. Und so ließ sich Klara immer ganz genau von Angelika Pausewang berichten, wie es Ben in der Schule erging, was er Gutes vollbrachte und auch den Schabernack, den Ben trieb. Bis heute!

Und Ben? Wenn er auf Spaziergängen ein junges Mädchen mit blondem Pferdeschwanz sieht, läuft er immer noch freudig darauf zu.

Ende

Danksagung

Bens Geschichte ist glimpflich ausgegangen und beweist: Aus einem Schurken kann doch noch ein prima Kerl werden. An dieser Wandlung waren viele tierliebe Personen beteiligt:

In erster Linie die passionierte Tierlehrerin, Christa Halder. Einfühlsam und geduldig erschloss sie mir und meiner Familie die komplizierte Hundeseele und wurde nicht müde, uns im Alltag mit Ben zu unterstützen.

Herzlichen Dank an Frau Gudrun Feltmann-v. Schroeder. Sie beschäftigt sich in ihren Studien seit vielen Jahren mit den Verhaltensgesten der Hunde. Die Gesten, die von Hunden untereinander verwendet werden, sind einerseits respektgebend und andererseits respektfordernd. Frau Feltmann entwickelte eine Umgangsweise, mit deren Hilfe der Mensch diese beiden Richtungen dem Hund gegenüber ausdrücken kann. Meine Familie und ich schätzen die, von Frau Feltmann entwickelte, Kommunikation mit dem Hund inzwischen sehr und sind immer wieder erstaunt darüber, dass auch fremde Hunde diese Körpersprache sofort gut verstehen. Der respektvolle Umgang mit dem Hund vermittelt den Kindern darüber hinaus wichtige soziale Kompetenzen für das Leben in der menschlichen Gemeinschaft.

Ben ist mir inzwischen sehr ans Herz gewachsen. Meinen Töchtern Stephanie, Angela und Antonia aber gehört mein ganzes Herz. Sie sind letztendlich meine Kraftquelle für alle kreativen Ideen und Prozesse und die vielfältigen Aufgaben meines Lebensalltags. Sie kämpften entschlossen dafür, dass Ben bei uns bleiben durfte. Gemeinsam gelang es uns, selbst Bens schlimmsten Schabernack mit Humor, zugegeben, manchmal auch Galgenhumor, zu ertragen.

Irene Hercka, die begnadete und sehr geduldige Graphikerin, erweckte die Geschichte mit ihren liebevollen Zeichnungen zum Leben.

Wir alle danken Cosima, die diesen wunderbaren und talentierten Hund mit sicherem Gespür für uns ausgewählt hat.

Uli Führe beschenkte uns mit seinem Lied zum Buch, das wir in der Schule oft fröhlich singen.

Mit seiner unvergleichlichen Zeichenschrift entwarf der Stuttgarter Künstler, Thomas Putze, für uns das Hunderegelplakat, welches nun schon an mehreren Schulen zum Einsatz kommt.

Bereits in der Crowdfundingphase bei Startnext half uns Stavros Emmanouilidis mit seinem aussagekräftigen Videofilm über unsere Arbeit in der Hunde-AG.

Herzlichen Dank auch an Angela Zastrau, Christa Halder, Christina Moderau, Gudrun Danner, Rita Müller, Stefanie Ströbele, Uwe Henke und Julia Hercka für das Korrekturlesen.

Und zum Schluss möchte ich mich ganz herzlich bei allen Sponsoren bedanken, die mit ihren Spenden die Realisierung des Buches erst möglich gemacht haben.

Wenn das Buch unterhält, zum Schmunzeln und Lachen verführt und darüber hinaus Mut macht, in schwierigen Situationen nicht aufzugeben, dann hat es seinen Zweck erfüllt.

Angelika Müller-Zastrau alias
Angelika Pausewang

Stuttgart im August 2014

** Einführung in die Deckenübung

Ablegen auf der Decke:
Der Hund sitzt. Du nimmst eine Decke, die der Hund kennt und mag und entfernst dich einige Schritte vom Hund. Der Hund schaut aufmerksam zu. Du legst die Decke auf den Boden. Nun winkst du ihn mit einer kleinen Handbewegung zu dir heran. Dabei gehst du langsam etwas rückwärts.

Wenn der Hund fast auf seiner Decke ist, gehst du mit einer kleinen Bewegung auf ihn zu, so dass er auf seiner Decke stehen bleibt. Nun bekommt der Hund das Zeichen für „Leg dich!".
Dabei führst du eine Hand nach unten. Liegt der Hund, gehst du einen kleinen Schritt zurück. Du stellst den rechten Fuß schräg hinter den anderen. Von Ben aus gesehen bilden deine Füße fast ein **T**.

Beenden der Übung:
Du stellst dich vor die Decke, so dass du etwas seitlich vom Hund stehst, nimmst ein Leckerchen in die Hand und gibst es dem Hund. Wenn der Hund das Leckerchen gefressen hat, streichelst du den Hund seitlich am Körper. Du gibst ihm seine Distanz, damit er sich wohl fühlt. Meist reicht dazu ein Schritt zurück. Jetzt darf Ben die Decke verlassen und du räumst die Decke auf.

.

**** Rezepte

Fischhappen

300g Mehl
1 Dose Thunfisch (in Öl od. Saft)
1 Ei
50g Quark
1 EL Petersilie
Evtl. ein Schuss Wasser

Alles bis auf das Mehl mixen, zum Mehl hinzu-
geben und gut durchkneten. Eine halbe Stunde
kaltstellen, dann lässt sich der Teig super
ausstechen. Bei 160° 25 Minuten backen.

Käsetaler

150 g Roggenmehl
200 g Haferflocken
2 EL Honig
1 TL Gemüsebrühe
2 Eier
150 ml Milch
1 Scheibe klein geschnittener Käse oder Schinken

Ofen auf 200°C vorheizen.
Alles zu einem Teig vermischen.
Kleine Kugeln formen und flach drücken.
Die Kekse nun auf ein, mit Backpapier belegtes,
Backblech legen und 15 Minuten backen.

Anhang

Gedicht:
*James Krüss: Wenn die Tiere Sachen machen,
aus: ders., James' Tierleben © GmbH, Hamburg 2003

Hunderegelplakat:
*** Thomas Putze: Gestaltung des Hunderegelplakats
www.thomasputze.de

Literatur:
Feltmann-v. Schroeder, G: Welpentraining,
Franckh-Kosmos Verlag, 2000

Feltmann-v. Schroeder, G: Die Kunst mit dem Hund zu reden,
Franckh-Kosmos Verlag, 2003

Hundeleckerli:
Rezepte: www.kirchenweb@/kochrezepte

Videofilm in der Crowdfundingphase:
Video Stavros, www.video-stavros.de

Markus-Mühle®

NaturNah HundeFutter

garantiert kaltgepresst

Markus-Mühle, NaturNah HundeFutter ist durch seine einzigartige vitalstoffschonende Kaltpressung und dessen spezielle und natürliche Zusammensetzung ein hochwertiges Alleinfutter für jeden Hund.

© Die-Hundefotos.de_2014

- Geflügel, Wild, Fisch & Eigelb
- Frei von pflanzlichen Nebenerzeugnissen
- Keine gentechnisch veränderten Bestandteile
- Ohne chemische Farbzusätze, Lockstoffe, Konservierungsmittel
- Keine anorganischen Mineralien
- Mit natürlich gebundenen Ballaststoffen
- Für den Kaubedarf und zum Einspeicheln in Brockenform
- Vitalstoffschonende Herstellung im Kaltwasser-Press-Verfahren

mit **ACTICELL®** Früchtepower Der Treibstoff für die Zellen!

Markus-Mühle GmbH & Co. KG
Unterer Mühlenweg 8 · D 56459 Langenhahn
Tel.: 02663 91469-10 · Fax: 02663 91469-28
info@markus-muehle.de · www.markus-muehle.de

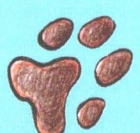
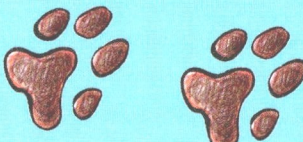

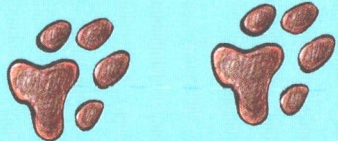